Einflussfaktoren auf die Entstehung und Aufrechterhaltung psychischer Störungen

GRIN

Bibliografische Information der Deutschen Nationalbibliothek:

Die Deutsche Nationalbibliothek verzeichnet diese Publikation in der Deutschen Nationalbibliografie; detaillierte bibliografische Daten sind im Internet über http://dnb.d-nb.de abrufbar.

ISBN: 9783346324771
Dieses Buch ist auch als E-Book erhältlich.

© GRIN Publishing GmbH
Nymphenburger Straße 86
80636 München

Druck und Bindung: Books on Demand GmbH, Norderstedt Germany
Gedruckt auf säurefreiem Papier aus verantwortungsvollen Quellen

Das vorliegende Werk wurde sorgfältig erarbeitet. Dennoch übernehmen Autoren und Verlag für die Richtigkeit von Angaben, Hinweisen, Links und Ratschlägen sowie eventuelle Druckfehler keine Haftung.

Das Buch bei GRIN: https://www.grin.com/document/974661

Einsendeaufgaben

Sonderprüfung

Eingesandt: 09.06.2020

SRH Fernhochschule Riedlingen

Modul: Klinische Psychologie 1

Studiengang: Wirtschaftspsychologie, Bachelor of Science

Inhaltsverzeichnis

Abkürzungsverzeichnis

AN   Anorexia nervosa

BES   Binge-Eating-Störung

BN   Bulimia nervosa

KVT   kognitive Verhaltenstherapie

Abbildungsverzeichnis

Tabellenverzeichnis

Aufgabe 1

Mit der Entstehung und Aufrechthaltung von psychischen Störungen beschäftigt sich die Ätiologie. Es kann für eine erfolgreiche Intervention nützlich sein, wenn man die Ursache einer Störung kennt. Man muss die Faktoren, welche hinter einer Störung stecken, verstehen, sonst kann nicht wirkungsvoll interveniert werden.[1] Dabei geht es auch um die Identifizierung von Risiko- und Schutzfaktoren im Entwicklungsprozess und deren wechselseitige Einflussnahme auf Entwicklungsverläufe.[2] Im wissenschaftlichen Diskurs finden sich integrative biopsychosoziale Erklärungsansätze für die Entstehung von psychischen Störungen. Das Vulnerabilitäts-Stress-Modell gehört zu diesen Erklärungsansätzen. Die klinische Psychologie legt als Anwendungsdisziplin einen wichtigen Fokus auf Interventions- und Therapiefragen. In diesem Zusammenhang will die klinische Psychologie die Faktoren identifizieren, die das Individuum im Laufe von Interventionen stabilisieren oder destabilisieren[3]. Welche Faktoren können die Entstehung psychischer Störungen begünstigen? Warum leidet die eine Person an einer psychischen Störung, eine andere jedoch nicht? Auf diese Fragen wird in den folgenden beiden Kapiteln eingegangen.

1.1. Risikofaktoren

Unter Risikofaktoren versteht man die Wahrscheinlichkeit, dass ein vorab definiertes Ereignis innerhalb der Population eintritt. Dieses Ereignis kann der Beginn einer psychologischen Störung sein, aber auch ein Rückfall oder eine Remission. Der Risikofaktor muss auch eine bestimmte Stärke annehmen. Häufig verwendete statistische Größen zur Erfassung der Effektstärke eines Risikofaktors sind z.b. Odds Ratio und Risk Ratio.[4] Im Entwicklungsverlauf betrachtet, kann zwischen verschiedenen wirksamen Risikofaktoren unterschieden werden: Pränatal, perinatal und postnatal. Zu den pränatalen Risikofaktoren gehören z.b. Gendefekte, welche physische und psychische Beeinträchtigungen bis hin zu geistigen Behinderungen mit sich bringen können. Teratogene wie Alkohol, Drogen, Nikotin, Medikamente oder Umweltgifte, denen die Mutter während der Schwangerschaft ausgesetzt ist, gehören ebenso zu den pränatalen Risikofaktoren. Zu den perinatalen Risikofaktoren gehören Frühgeburt und Geburtskomplikationen. Perinatale Risikofaktoren finden sich verstärkt in der psychosozialen Umgebung.[5]

---

[1] *Vgl.* Caspar, Pjanic & Westermann (2018) S.9
[2] *Vgl.* Petermann, Maercker, Lutz & Stangier (2018), S.92
[3] *Vgl.* Caspar, Pjanic & Westermann (2018) S.1 & Oerter, Altgassen & Kliegel (2011) S.302
[4] *Vgl.* Jacobi, Esser (2003), S.257 - 258
[5] *Vgl.* Heinrichs & Lohaus (2011) S.19

Eine weitere Differenzierungsmöglichkeit ist die Unterscheidung zwischen internen und externen Risikofaktoren. Interne Risikofaktoren, personenbezogene, sind Alter, Geschlecht, genetisch bedingte Anfälligkeit für Krankheiten, Auffälligkeiten im Neurotransmitterhaushalt und Persönlichkeitsmerkmale wie Neurotizismus oder ein schwieriges Temperament. Externe Risikofaktoren liegen im Umfeld der Person bzw. sind durch ihr Verhalten gegeben. Bindungsstil, Erziehungsverhalten, sozioökonomische Situation gehören dazu, ebenso wie zum Beispiel Fehlernährung oder Substanzkonsum. Ein dritter Differenzierungsansatz unterscheidet weiter entfernte, distale Risikofaktoren, wie z.B. Lebens- und Arbeitsbedingungen und nähere, proximale Risikofaktoren, wie z.B. Tabakkonsum.[6] Dem kumulativen Risiko-Modell von Zeanah & Sonuga-Barke (2016) entnehmend geht es nicht um die Art, sondern um die Anzahl von Risikofaktoren, welche die Wahrscheinlichkeit für die Entstehung einer psychischen Störung erhöhen.[7] Dauer, Kontinuität und subjektive Bewertung der Risikofaktoren sind weitere Einflussgrößen.[8]

Oft wird neben dem Begriff Risikofaktoren auch der Begriff der Vulnerabilitätsfaktoren verwendet. Das Vulnerabilitäts-Stress-Modell postuliert für jede Person ein intraindividuelles Bündel an biopsychosozialen Vulnerabilitäten.

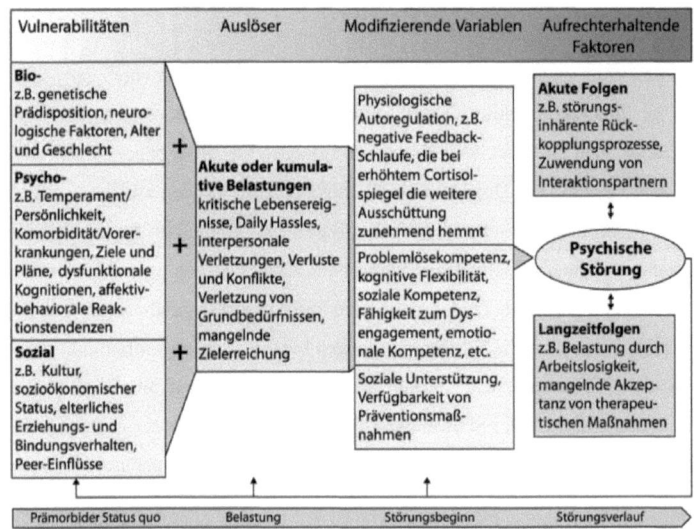

Abbildung 1: Vulnerabilitäts-Stress-Modell
(Quelle: Berking (2012) S.31)

---

[6] *Vgl.* Bengel & Lyssenko (2012) S.29 & *Vgl.* Petermann et al. (2018), S. 98
[7] *Vgl.* Petermann et al. (2018), S. 98
[8] *Vgl.* Zentrum für Kinder- und Jugendforschung

Diese machen sie mehr oder weniger anfällig für die Entwicklung psychischer Störungen bei Exposition mit biologischen, psychischen, sozialen oder Umweltstressoren (Abbildung 1). Andere begreifen Vulnerabilität als eine spezifische Anfälligkeit des Individuums. Für sie ist die Vulnerabilität eine Disposition für Risikofaktoren, die genetisch bedingt (primär) oder erworben bzw. erlernt sein kann (sekundär). Bei diesen Individuen können schon wenige Risikofaktoren zu einer Störung führen.[9]

1.2. Schutzfaktoren

Die Wirkung von Risikofaktoren können durch Schutzfaktoren abgemildert werden. Damit kann auch die Auftrittswahrscheinlichkeit von Störungen beim Vorliegen von Belastungen vermindert werden.[10] Schutzfaktoren kommen erst durch das Auftreten von Risikofaktoren zum Tragen. Sie lassen sich ebenfalls in interne und externe Faktoren unterteilen. Zu den internen Faktoren zählen z.b. Intelligenz, günstiges Temperament, Hoffnung und auch Selbstwertgefühl. Die externen Schutzfaktoren kann man noch weiter unterteilen in familienbezogen (z.b. wenig Streit mit Eltern/Partner, warmherziges Klima untereinander), umweltbezogen (z.b. soziale Unterstützung, niedrige Gewaltbereitschaft) und gesellschaftlich (protektives Umfeld, hohes Ansehen von Bildung und Gesundheit).[11] Andere Autoren unterteilten die Schutzfaktoren nur in zwei Unterteilungen auf: kindheitsbezogene Faktoren und umgebungsbezogene Faktoren(siehe Tabelle 1).[12]

Kindheitsbezogene Faktoren	Umgebungsbezogene Faktoren
Geschlecht (Mädchen haben günstigere Entwicklungschancen)	Sichere Bindungen und ein gutes Familienklima, familiärer Zusammenhalt
Position in der Geschwisterreihe (Erstgeborene entwickeln sich am ehesten günstig)	Modelle für positives Bewältigungsverhalten
Positives Temperament	Soziale Unterstützung im Umfeld
Überdurchschnittliche Intelligenz	Gute Freundschaftsbeziehungen
Positives Sozialverhalten	Positive Schulerfahrungen
Hohe Selbstwirksamkeit	

Tabelle 1:Schutzfaktoren
(Quelle: Eigene Darstellung in Anlehnung an Wälte, Borg-Laufs, Brückner (2019) S.45)

---

[9] *Vgl.* Petermann et al. (2018), S. 29, S. 101
[10] *Vgl.* Wittchen, H.-U. & Hoyer, J. (2011) S.651 & *Vgl.* Wälte, Borg-Laufs, Brückner (2019) S. 44
[11] *Vgl.* Petermann et al. (2018), S. 100 & *Vgl.* Castello (2014) S. 13, S. 26
[12] *Vgl.* Laucht, Esser, Schmidt (1997) zitiert nach Wälte, Borg-Laufs, Brückner (2019) S. 44

Schutzfaktoren können ihre Wirkung unterschiedlich entfalten, z.B. können sie ein Risiko abschwächen bzw. verändern, sie können zu einer gesunden Selbstachtung und Selbstzufriedenheit führen. Ebenso können sie günstige bzw. förderliche Rahmenbedingungen aufbauen. Es wird angenommen, dass die allgemeine Lebenseinstellung einer Person einen maßgeblichen Faktor darstellt. Die psychische Gesundheit ist also davon abhängig, wie viele kognitive Ressourcen ein Individuum aufbringen kann, um einer Herausforderung entgegenzutreten und wie diese Anforderung betrachtet wird (Siehe dazu auch Abbildung 4 im Anhang)[13].

1.3. Empirische Ergebnisse

Der Einfluss bzw. auch die Bedeutung von Risiko- und Schutzfaktoren auf die Entstehung psychischer Störungen wurde empirisch bereits mit mehreren Untersuchungen erforscht. Eine dieser Untersuchungen ist die Studie von Emmy Werner.[14] Der gesamte Geburtenjahrgang von 1955 auf der Hawaiiinsel Kauai wurde ab der pränatalen Phase 40 Jahre lang untersucht. Bei dieser Längsschnittstudie ging es um 698 Kinder. Dabei wurde besonders auf verschiedene Risiko- und Schutzfaktoren sowie auf die Entwicklung von Resilienz geachtet.[15] 55% der Kinder wuchsen in Armut auf. Ca.10% waren durchschnittlichem pränatalen oder perinatalen Stress ausgesetzt gewesen. 20% der Kinder entwickelten in den ersten zehn Lebensjahren ernsthafte Lern- oder Verhaltensprobleme. Im Alter von zehn Jahren benötigte bereits die doppelte Anzahl der Kinder Nachhilfe, vor allem aufgrund von Leseschwierigkeiten. 15% der Jugendlichen hatten bereits im Alter von 18 Jahren Straftaten begangen. 10% hatten in dem Alter bereits mit psychischen Problemen zu kämpfen, wodurch sie zusätzliche Betreuung benötigten.[16] Im Verlauf der Längsschnittstudie wurden zwei Trends beobachtet: Der Einfluss von perinatalem Stress wurde mit der Zeit vermindert. Der Einfluss biologischer Risiken hing von dem sozialen und familiären Umfeld ab. Es wurden ebenfalls Korrelationen zwischen perinatalem Stress und Störungen des zentralen Nervensystems, des Skelettmuskelsystems und des sensorischen Systems festgestellt. Korrelationen zwischen perinatalem Trauma und Intelligenzverminderung, Lernschwierigkeiten und chronische psychische Probleme (z.B. Schizophrenie) wurden im früheren Erwachsenenalter beobachtet. 201 Kinder wurden aufgrund der Lebensumstände als „high-risk" Kinder eingestuft. Diese Kinder wurden in Armut geboren und waren perinatalem Stress ausgesetzt. Zudem lebten die Kinder in einem risikoreichen familiären Milieu voller Zwietracht, Scheidungen, Alkoholismus und psychischen Störungen. 2/3 dieser Kinder, welche

---

[13] *Vgl.* Egle, Hoffmann, Steffens (1997) S. 684
[14] *Vgl.* Werner (1992)
[15] *Vgl.* Egle, Hoffmann, Steffens (1997) S. 684 & *Vgl.* Färber & Rosendahl (2018)
[16] *Vgl.* Werner (1992) S.262-263

vier oder mehr der genannten Risikofaktoren ausgesetzt waren, entwickelten im Alter von zehn Jahren Lern- oder Verhaltensschwierigkeiten. Bis zum 18. Lebensjahr wurden sie straffällig, entwickelten psychische Störungen oder wurden schwanger. Dennoch wuchsen 72 von diesen Kindern zu erfolgreichen Erwachsenen ohne ernstzunehmende Probleme auf. In Schule, im Privatleben und im sozialen Bereich waren sie erfolgreich.[17]

Der Zusammenhang zwischen diesem Ergebnis und protektiven Faktoren wurde ebenfalls untersucht. Die protektiven Faktoren wurden in fünf Cluster unterteilt:[18]

Cluster 1	Cluster 2	Cluster 3	Cluster 4	Cluster 5
Individuelles Temperament, welches dabei hilft, verschiedenen Personen positive Zusprache zu entlocken	Fähigkeit, die vorhandenen Fähigkeiten effektiv zu nutzen, realistische Pläne sowie Verantwortung	Umfasst versch. Charakterzüge und Erziehungsstile der Eltern, welche Kompetenz und Selbstvertrauen auf das Kind projizieren	Umfasst unterstützende Erwachsene, welche Vertrauen fördern und als „Torhüter" für die Zukunft dienen (z.B. Großeltern)	Umfasst (positive) lebensverändernde Möglichkeiten und Umstände, z.B. der Wechsel von der Schule zum Arbeitsplatz, Ehe, Elternschaft oder Militärdienst

Tabelle 2: Protektive Faktoren
(Quelle: Eigene Darstellung in Anlehnung an Werner (1992) S.265)

Durch ihre individuellen psychischen Eigenschaften waren die resilienten „high-risk" Kinder in der Lage, ihr Umfeld so zu gestalten, dass sie in ihrer Persönlichkeit und ihrem Vorhaben bestärkt wurden. Sie konnten ihre Eigenschaften so aufrechterhalten und verstärken.[19]

Inzwischen gibt es auch viele psychologisch-empirische deutsche Studien, welche die Auswirkungen von Risikofaktoren widergeben, zum Beispiel die Dresdener Pränatal-Studie (2004), die Dresden-Pränatal-Stress-Studie (2006), die Rostocker Längsschnittstudie (1970), die Mannheimer Risikokinderstudie, das Mannheimer Kohortenprojekt (1978-1985).[20] Die Mannheimer Risikokinderstudie von Laucht und Kollegen zu den Auswirkungen biologischer und psychosozialer Risikofaktoren auf die kindliche Entwicklung. Im Rahmen der Studie wurden 362 Kinder und ihre Eltern zwischen 1986 und 1988 über die ersten acht Lebensjahre in vier Erhebungswellen begleitet. Unter den Kindern waren auch 210 „high-risk"-Kinder. Prä-, peri- und neonatale Komplikationen wurden als biologische Risikokriterien herangezogen. Unter psychosozialer Belastung wurden folgende Faktoren festgehalten: niedriges Bildungsniveau der

---

[17] *Vgl.* Werner (1992) S.263-264 & *Vgl.* Zimmermann (2011) S. 37-39
[18] *Vgl.* Werner (1992) S. 264
[19] *Vgl.* Werner (1992) S. 265
[20] *Vgl.* Zimmermann (2011) S. 3

Eltern, beengte Wohnverhältnisse, psychische Störung der Eltern, Kriminalität, eheliche Disharmonie, frühe Elternschaft, unerwünschte Schwangerschaft, mangelnde soziale Integration und Unterstützung, ausgeprägte chronische Schwierigkeiten (Krankheit, Arbeitslosigkeit) und mangelnde Bewältigungsfähigkeiten. Bei den Kindern wurde in den Erhebungswellen der motorische, der kognitive und der sozial-emotionale Entwicklungsstand untersucht.[21] Die Erhebungen ergaben, dass biologisch belastete Kinder im Alter von drei und 24 Monaten deutlich mehr Entwicklungsstörungen und Verhaltensauffälligkeiten aufweisen als unbelastete Kinder. Biologische Risikofaktoren wirkten sich dabei verstärkt negativ auf die motorische Entwicklung (reifungsabhängige Funktionen) aus. Psychosoziale Risikofaktoren hingegen wirkten sich eher negativ auf die kognitive und sozial-emotionale Entwicklung aus (erfahrungsbezogene Funktionen). Die Längsschnittstudie liefert auch Befunde über die Interaktion biologischer und psychosozialer Faktoren. Die Autoren gehen nicht von einer kumulativen Wirkung der Effekte beider Risikokategorien aus, sondern sprechen eher von spezifischen Risikokonstellationen, unter denen die Entwicklungsverläufe mehr oder weniger ungünstig beeinflusst werden.[22]

Für die Schutzfaktorenforschung sind vor allem Forschungsergebnisse relevant, welche die Abmilderung von Risikofaktoren betreffen. Dazu gehört auch die Untersuchung von Cederblad und Kollegen, welche 1947 in der schwedischen Gemeinde Lundby stattfand. Die Kinder der Studie waren mindestens drei Risikofaktoren ausgesetzt und es wurde hier der Zusammenhang mit Schutzfaktoren untersucht. Die Autoren konnten einen starken Zusammenhang zwischen einem hohen Selbstwertgefühl währen der Kindheit, erfolgreichen Copingstrategien, internalen Kontrollüberzeugungen, intellektuellen Fähigkeiten und seelischer Gesundheit im späteren Erwachsenenalter herstellen. Vertrauensvolle Beziehungen zu mindestens einem Elternteil und gemeinsame Werte erwiesen sich als protektiv.[23]

---

[21] *Vgl.* Laucht, Esser, Schmidt, Ihle, Löffler, Stöhr, Weindrich, & Weinel (1992) S. 276-277 & *Vgl.* Zimmermann (2011). S. 41- 42
[22] *Vgl.* Laucht et al. (1992) S. 282 - 283
[23] *Vgl.* Cederblad, Dahlin, Hagnell & Hansson (1994), S.1 & *Vgl.* Kitzing et al. (2018)

Aufgabe 2

2.1 Soziale Unterstützung

Soziale Unterstützung kann ein wichtiger Schutzfaktor für körperliche und psychische Gesundheit in Belastungssituationen sein. Die Soziale Unterstützung ist ein mehrdimensionales Konzept, welches verschiedene Formen der sozialen Interaktion mit dem Ziel der Unterstützung involvierter Personen umfasst.[24] House unterschied in der sozialen Unterstützung vier verschiedene Ausprägungen:[25]

1.) Emotionale Unterstützung (z.b. Trost, Zuwendung, Verständnis)

2.) Instrumentelle Unterstützung (z.b. finanzielle Unterstützung, Übernahme alltäglicher Aufgaben)

3.) Informative Unterstützung (z.b. konkrete Informationen, Beratung zur Lösung eines Problems)

4.) Bewertungsbezogene Unterstützung (z.b. wertschätzende, anerkennende Verhaltensweisen)

Ebenso sollte zwischen wahrgenommener und tatsächlich erhaltener sozialer Unterstützung unterschieden werden. In vielen Studien übt die wahrgenommene Unterstützung einen deutlich stärkeren positiven Effekt aus.[26] Die soziale Unterstützung kann auch als eine allgemeine und mittelfristig stabile Erwartung wahrgenommen werden, bei der bei Bedarf auf ein Netzwerk von Menschen (Lebenspartner, Freunde, Familie oder Kollegen) zugegriffen werden kann. Unabhängig davon, ob man die Unterstützung dabei tatsächlich erhält, wird dieser Erwartung eine protektive Wirkung zugesprochen.[27]

Der Einfluss der sozialen Unterstützung wird durch zwei Modelle erklärt. Diese Modelle beschreiben die Wirkung der sozialen Unterstützung als Puffereffekt oder Haupteffekt-Modell.[28] Die *Pufferhypothese* gibt an, dass Menschen soziale Unterstützung durch andere Personen brauchen. Da soziale Unterstützung die negativen Folgen des erlebten Stresses vermindert gilt dies vor allem in Stresssituationen.[29] Dieses Puffer-Modell stützt sich auf das Stressmodell von Lazarus (1966). Nach seinem Model entsteht Stress in Abhängigkeit von der Bewertung des Stressors und von der Bewertung der verfügbaren Bewältigungsressourcen. In diesem Sinne kann

---

[24] *Vgl.* Petermann et al. (2018), S. 29, S. 55 & *Vgl.* Bengel & Lyssenko (2012) S.83
[25] *Vgl.* House (1981), S.39
[26] *Vgl.* Bengel & Lyssenko (2012) S.84
[27] *Vgl.* Sarason, Sarason & Shearin (1986) S-846-855 *Vgl.* Diers *(2016)* S.79-80
[28] *Vgl.* Niemann (2019) S.65-66
[29] *Vgl.* Petermann et al. (2018), S. 56

sich soziale Unterstützung in zwei Phasen der Stressverarbeitung als Puffer-Effekt einbringen: Bei der Bewertung des Stressors, so dass die Situation als weniger bedrohlich empfunden wird oder wenn die Situation bereits zu stressig wahrgenommen wird, dass sie dann neu bewertet wird. Haben Menschen wenig soziale Unterstützung sind sie bei hoher Stressbelastung deutlich weniger vor den negativen Auswirkungen des Stresses auf die Gesundheit geschützt.[30] Als Beispiel kann auch die Studie von Saltzman und Holahan genannt werden. In dieser Studie wurden Daten von insgesamt 300 Studenten erhoben. Die Ergebnisse zeigten, dass soziale Ressourcen, z.b. die Unterstützung durch die Eltern, die Selbstwirksamkeit und effektive Coping Strategien fördern. Dadurch wurden depressive Symptome reduziert. Die Ergebnisse unterstützten die Theorie, dass die soziale Unterstützung positiv mit psychischer Gesundheit korreliert.[31]

Beim *Haupteffektmodell* wird angenommen, dass soziale Unterstützung in Krisen- und Alltagssituationen einen direkten und positiven Effekt auf das psychische Wohlbefinden hat. Menschen mit gutem sozialem Netzwerk zeigen geringere Belastungsreaktionen als Menschen mit ungenügendem Netzwerk, weil die Einbettung in eine soziale Gemeinschaft das Wohlbefinden stärkt und sich damit positiv auf die Gesundheit auswirkt. Es konnte in medizinischen Studien gezeigt werden, dass Patienten mit koronaren Erkrankungen dreimal so häufig sterben, wenn sie mit niemandem während der Behandlung reden konnten, als Patienten mit guter sozialer Unterstützung.[32] Ein wesentlicher Unterschied des Puffereffekt-Modells im Vergleich zum Haupteffekt-Modell ist, dass soziale Unterstützung beim Puffereffekt-Modell nur in Wechselwirkung mit dem Einfluss von Stressoren wirkt. Ohne Vorhandensein eines Stressors hat dies also keinen Einfluss auf das physische oder auf das psychische Wohlbefinden. Viele Autoren gehen allerdings davon aus, dass beide Effekte auch nebeneinander bestehen können, sodass soziale Unterstützung direkt positiv auf physische und Symptomatik beitrug.[33]

Ergebnisse einer Robert-Koch-Umfrage ergaben, dass rund 20% der Befragten eine starke chronische Stressbelastung empfanden, wenn sie nur eine geringe soziale Unterstützung erfuhren, siehe dazu Abbildung 2.[34] Chronische Stressbelastungen sind ein Risikofaktor für die Entstehung einer psychischen Störung. Deswegen weist die soziale Unterstützung hier einen deutlichen Puffereffekt auf. Comer und Sartory beschreiben einen Zusammenhang zwischen sozialer Unterstützung und Depression. Es wurde zum Beispiel der Familienstand untersucht. Menschen

---

[30] *Vgl.* Sarason, Sarason & Shearin (1986) S-846-855
[31] *Vgl.* Saltzman, Holahan (2002), S.312-313, 318
[32] *Vgl.* Kasten, Schöneberg (2016), S.159-160 & *Vgl.* Sarason, Sarason & Shearin (1986) S-846-855
[33] *Vgl.* Saltzman, Holahan (2002), S.317
[34] *Vgl.* Hapke, Scheidt-Nave, Bode, Schlack & Busch (2013)

wiesen nach einer Trennung oder einer Scheidung ein zwei- bis dreimal höheres Risiko für eine Depression auf, als verheiratete, verwitwete oder ledige Menschen.[35]

Tab. 2 Prävalenz starker Belastung durch chronischen Stress unterteilt nach Geschlecht und sozialer Unterstützung, N=5774			
	Geringe soziale Unterstützung % (95%-KI)	Mittlere soziale Unterstützung % (95%-KI)	Starke soziale Unterstützung % (95%-KI)
Frauen (N=3067)	32,5 (25,3–40,5)	13,3 (11,3–15,7)	9,5 (7,6–11,7)
Männer (N=2707)	20,8 (15,2–27,7)	8,4 (6,6–10,5)	4,3 (2,9–6,3)
Gesamt (N=5774)	26,2 (21,6–31,4)	10,8 (9,4–12,3)	7 (5,7–8,5)

Abbildung 2: Prävalenz starker Belastung durch chronischen Stress
(Quelle: Robert-Koch-Institut)

Soziale Unterstützung wird interindividuell und situationsspezifisch unterschiedlich wahrgenommen. Geschlechtsspezifische Unterschiede kommen da noch hinzu, wie Experimente zeigen konnten. Bei Männern trug die soziale Unterstützung durch die Partnerin dazu bei, dass die Stressreaktion vor einem standardisierten Stresstest geringer ausfiel als ohne. Bei den Frauen wiederum hatte die soziale Unterstützung durch den Partner keinen stressmindernden Effekt.[36]

2.1 Dysfunktionale Kognitionen

Unter dem Begriff Kognition versteht man die Aufnahme, Verarbeitung und Speicherung von Informationen im Gehirn. Wahrnehmung, Aufmerksamkeit, Gedächtnis, Sprache, Denken und Problemlösen gehören dazu.[37] Es konnte empirisch belegt werden, dass dysfunktionale Überzeugungen und Denkprozesse zu einer verzerrten Wahrnehmung der Realität und darüber zu einem gestörten Verhalten führen.[38] Dysfunktionale Kognitionen werden insbesondere im Zusammenhang mit der Entstehung und Aufrechterhaltung von Depressionen als Risikofaktor beschrieben. Depressive Störungen gehören zur Gruppe der affektiven Störungen nach ICD-10, sie werden auch unipolare Störungen genannt und grenzen sich von affektiven Störungen wie Manie, Hypomanie oder bipolaren Störungen ab.

Depressive Störungen können wiederum unterteilt werden:[39]

- F32: einzelne depressive Episode (DSM-V: Major Depression)
- F33: rezidivierende depressive Störung (DSM-V: Major Depression in rezidivierende Form)

---

[35] *Vgl.* Comer & Sartory (2008) S. 231
[36] *Vgl.* Stice, Ragan & Randall (2004) S.155-158
[37] *Vgl.* Hänsel, Baumgärtner, Kornmann & Ennigkeit (2016), S.24
[38] *Vgl.* Comer & Sartory (2008) S. 68 - 69
[39] *Vgl.* Berking & Radkovsky (2012) S. 30

- F34.1: Dysthymie (persistierende depressive Störung)
- F38.8: Saisonale affektive Störung
- F53: die postnatale/-partale Depression

Die möglichen Symptome einer unipolaren Depression lassen sich untergliedern in affektive Symptome, kognitive Symptome, motivational-behaviorale Symptome und neurovegetative Symptome. Beispiele können Tabelle 3 entnommen werden:[40]

Affektive Symptome:	Traurigkeit, Niedergeschlagenheit, Verzweiflung, Interessen- und Freudlosigkeit, Ängstlichkeit, Gefühl innerer Leere, Reizbarkeit, Feindseligkeit, Einsamkeit, Gefühl der Entfremdung
Kognitive Symptome:	Negative Gedanken und Einstellungen gegenüber der eigenen Person und der Zukunft, Pessimismus, Hoffnungslosigkeit, ständiges Grübeln, permanente Selbstkritik, Selbstunsicherheit, Gefühle von Wertlosigkeit und unangemessene Schuldgefühle, die bis ins Wahnhafte gehen, Denk-, Konzentrations-, Gedächtnis- und Entscheidungsprobleme, Einfallsarmut, Gedanken an den Tod
Motivational-behaviorale Symptome:	Antriebslosigkeit, Verringerung des Aktivitätsniveaus, sozialer Rückzug, verlangsamte Sprache und Motorik, aber auch Agitiertheit, Suizidhandlungen, Vermeidungsverhalten, Probleme bei der Bewältigung alltäglicher Anforderungen
Neurovegetative Symptome:	Schlaflosigkeit oder vermehrter Schlaf, Energieverlust, leichte Ermüdbarkeit, Appetit- und Gewichtsveränderungen, Libidoverlust, gesteigertes oder erniedrigtes psychophysiologisches Erregungsniveau, innere Unruhe, erhöhte Schmerzempfindlichkeit, vegetativ-somatische Beschwerden

Tabelle 3: Mögliche Symptome einer unipolaren Depression
(Quelle: Eigene Darstellung in Anlehnung an Berking & Radkovsky (2012) S. 31)

Es gibt eine Vielzahl von Erklärungsmodellen, welche neben biologischen, lerntheoretischen Ansätzen, auch die unterschiedlichen Risikofaktoren versuchen zu integrieren. Ebenso gibt es kognitive Theorien für die Entstehung und Aufrechthaltung depressiver Störungen zu nennen. Das Modell der dysfunktionalen Kognition nach Aaron Beck ist wohl das einflussreichste. Er setzt dysfunktionale kognitive Schemata als Grundlage für depressive Störungen voraus.[41] Das Denken depressiver Individuen ist demnach durch kognitive Fehler oder auch Denkfehler gekennzeichnet. Diese werden, nach Beck, bedingt durch negative Schemata. Diese bezeichnet er als negative Grundannahmen. Die negativen Schemata steuern das Denken in einer sich selbst aufrechterhaltenden Weise. Beck geht davon aus, dass die negativen Schemata im Verlauf der Entwicklung durch ungünstige Erfahrungen und Lernprozesse erworben wurden. Dazu können zum Beispiel frühere Verlusterfahrungen oder Zurückweisungen gehören. Diese wurden dann

---

[40] *Vgl.* Berking & Radkovsky (2012) S. 31
[41] *Vgl.* Petermann et al. (2018), S. 65

in der weiteren Lebensgeschichte durch Situationen, die der Entstehungssituationen ähneln, aktiviert. Zum Beispiel führt die aktivierte Grundannahme <Ich bin wertlos> dazu, dass die schlechte Laune einer anderen Person als persönliche Ablehnung aufgefasst wird. Dieses Verhalten bestätigt wieder die Grundannahme <Ich bin wertlos>. Diese automatischen Gedanken, dysfunktionalen Kognitionen, die viel um Hoffnungslosigkeit oder geringe Selbstachtung kreisen, sind den Betroffenen häufig nicht bewusst. Diese können jedoch mit intensiven bewusst erlebten Emotionen einhergehen. [42]

Zu den dysfunktionalen kognitiven Prozessen gehören das Grübeln und das Sorgen. Beide Prozesse wurden mit der Aufrechterhaltung von psychischen Erkrankungen in Verbindung gebracht. Der stärkste empirisch belegte Zusammenhang besteht zwischen Grübeln und der Depressionen. Grübeln stellt eine maladaptive Form der Selbstreflektion dar. Kuehner und Weber untersuchten in ihrer Studie 52 depressive Patienten zu drei unterschiedlichen Zeitpunkten ihrer Behandlung (während des stationären Aufenthalts in einer Klinik, vier Wochen nach der Entlassung und vier Monate nach der Entlassung). Sie untersuchten, ob Grübeln als Reaktion auf depressive Stimmung die Depression verlängert und verschlimmert. Das Ergebnis der Studie war, dass Grübeln einen verschlechternden Einfluss auf die zukünftige Schwere und Länge der Depression hat.[43]

Beck allerdings geht mit seiner Theorie weit über das Grübeln hinaus. Er postuliert, dass die dysfunktionalen Kognitionen alle weiteren Symptome der Depression zur Folge haben. Die Wahrscheinlichkeit für eine Major Depression scheint auch erhöht, wenn der Patient zuvor bereits ein hohes Maß an dysfunktionalen Kognitionen aufweist.[44] Die kognitive Verhaltenstherapie setzt bei der Arbeit mit dysfunktionalen Kognitionen an, um eine Aufrechthaltung der psychischen Störungen zu unterbinden. Als Beispiel wurde dazu das ABC-Schema nach Stavemann aufgeführt (Abbildung 5 im Anhang), dieses hilft Patienten ihre Situation neu zu bewerten.[45]

---

[42] *Vgl.* Berking & Radkovsky (2012) S. 37 – 38 & *Vgl.* Petermann et al. (2018), S. 65 – 66 & *Vgl.* Beesdo-Baum & Wittchen (2011), S.894-895
[43] *Vgl.* Kuehner & Weber (1999) S.1323-1331 & *Vgl.* Ertle, Joormann, Wahl & Kordon (2009)
[44] *Vgl.* Butcher (2009) S.299-301
[45] *Vgl.* Margraf & Schneider (2018) S. 403

Aufgabe 3

3.1 Der diagnostische Prozess: ein Überblick

Für eine psychotherapeutische Intervention sowie für die Evaluation des Behandlungsverlaufes und des Therapieerfolgs ist ein diagnostischer Prozess eine Grundvoraussetzung. Der diagnostische Prozess (siehe dazu erfolgt in der klinischen Psychologie auf mehreren Ebenen und mit mehreren Verfahren.[46] Diese multimodale und multimethodale Diagnostik zielt darauf ab, die psychischen und körperlichen Symptome des Hilfesuchenden bzw. des Patienten so umfassend und differenziert wie möglich erfassen zu können. Nur dann kann eruiert werden, ob und welche Störung vorliegt und auf der Grundlage einer Indikationsentscheidung einen Behandlungsplan zu erstellen. Wittchen und Hoyer haben den diagnostischen Prozess gut erklärt (Abbildung 6 im Anhang). Der Anfang des diagnostischen Prozesses beginnt mit einem kurzen Vorgespräch. Bei dem Gespräch geht es darum, einen allgemeinen Eindruck von dem Patienten zu bekommen. Hier soll auch die Grundlage für eine vertrauensvolle Beziehung geschaffen werden, welche den diagnostischen Prozess beeinflussen kann.[47] Einen wichtigen Bestandteil macht anschließend die klassifikatorische Diagnose aus. Hier werden die Symptome des Patienten aus dessen Berichten ergründet und mithilfe der Klassifikationssysteme ICD-10 und DSM-5 eingeordnet, um potenzielle Diagnosen, Differentialdiagnosen und Komorbitäten zu eruieren. Ebenso wird eine erste Interventionszuweisung festgehalten.[48] Wichtige Hypothesen werden im diagnostischen Prozess priorisiert und können mit mehreren Verfahren geprüft werden, um eine möglichst eindeutige Antwort zu erhalten. Ist es nicht möglich, eine Hypothese eindeutig zu beantworten, können neue Hypothesen gebildet werden.[49]

Dem Diagnostiker stehen mehrere Hilfsinstrumente zur Verfügung, wie z.B. strukturierte (DIPS und SKID) und standarisierte (DIA-X) Interviews.[50] Strukturierte Interviews enthalten vorgefertigte Fragen, Antworten und Sprungregeln. Der Diagnostiker kann diese, wenn nötig, umformulieren. Standardisierte Interviews jedoch geben einen deutlich festeren Rahmen vor, aus dem nicht abgewichen werden sollte. Dies führt auch zu Kritik von Seiten der Anwender.[51]

---

[46] *Vgl.* Laireiter &Kalteis (2017)
[47] *Vgl.* Margraf & Schneider (2018) S. 341
[48] *Vgl.* Caspar, Pjanic & Westermann (2018) S.15-16 & *Vgl.* Wittchen & Hoyer (2011) S.286
[49] *Vgl.* Schmidt-Atzert, Amelang, Fydrich & Moosbrugger (2018) S.389-390
[50] *Vgl.* Wittchen & Hoyer (2011) S.393
[51] *Vgl.* Caspar et al. (2018) S.19-21 & Geue, Strauß &Brähler (2016) S. 11

Ebenso erfolgt eine körperliche Diagnostik, um organische Ursachen für die Symptomatik auszuschließen. Mit der körperlichen Diagnostik kann man auch beurteilen, ob eine behandlungsbedürftige Multimorbidität vorliegt.[52] Für die Behandlungsphase ist eine Ableitung einer deskriptiv-klassifikatorischen Diagnose nicht ausreichend. Im Rahmen einer biografischen Diagnose müssen neben einer biografischen Anamnese auch Informationen zu den aktuellen Lebensbedingungen erhoben werden. Diese Gegebenheiten gelten als Grundlage, damit über das Verhalten, Fühlen und Erleben des Patienten Vorhersagen getroffen werden können.[53] Die Anamnese der Lebensgeschichte gehört zur störungsübergreifenden Diagnostik dazu. Sie gilt meist als exploratives diagnostisches Gespräch.[54] Dadurch werden sowohl intrapsychische als auch soziale Prozesse erfasst, damit potenzielle Stressoren und ätiologische Faktoren für die psychische Störung ausfindig gemacht werden können (Makroanalyse). Aus dieser Anamnese können auch Ressourcen und Therapieziele erschlossen werden. Diese sind für die Therapiegestaltung wichtig.[55] Ein weiterer wichtiger Schritt bildet die dimensionale Diagnostik. Im Rahmen derer, werden die Symptome erhoben bzw. die Verdachtsdiagnose weiter gefestigt. Hierfür kommen störungsspezifische Instrumente, wie Fragebögen und Skalen zum Einsatz, welche in Selbst- und Fremdbeurteilungsverfahren unterteilt werden können. Mit Blick auf die Wahl der Therapieart können weitere psychologische Tests zur Persönlichkeit, zu den Bewältigungsstrategien des Patienten, seinen kognitiven Fähigkeiten oder interpersonalen Schwierigkeiten angewandt werden. Das Inventar Interpersonaler Probleme (IIP-D) kommt z.b. für die interpersonelle Diagnostik zum Einsatz.[56] Während der psychotherapeutischen Behandlung, welche ggf. auch mit einer medikamentösen Therapie gekoppelt sein kann, stehen Prozess- und Verlaufsdiagnostik im Vordergrund. Die gewählten Therapiemaßnahmen entstammen einer Hypothese, welche während der Psychotherapie mittels therapiebezogener Diagnostik weiterhin überprüft werden sollte. Mithilfe der bisherigen Erkenntnisse kann der Therapeut erste Diagnosen, Prognosen und Indikationsentscheidungen formulieren, um schließlich in die eigentliche Psychotherapie einzusteigen. Bei der Prozessdiagnostik wird z.b. durch Stunden- oder Fragebögen die Therapiebeziehung, die Therapiemotivation oder das Verhältnis von Problemaktivierung und Ressourcenaktivierung erfasst. Die Verlaufsdiagnostik erhebt etwa mittels störungsspezifischer Instrumente die Veränderungen der Symptomatik und den Grad der Zielerreichung (siehe Abbildung 8). Die Evaluationsdiagnostik beurteilt am Ende der psychotherapeutischen

---

[52] *Vgl.* Wittchen & Hoyer (2011) S.401
[53] *Vgl.* Caspar et al. (2018) S. 21-24 & *Vgl.* Wittchen & Hoyer (2011) S.387, 391
[54] *Vgl.* Sichler (1996) S. 18
[55] *Vgl.* Caspar et al. (2018) S.23
[56] *Vgl.* Caspar et al. (2018) S.21-24 & *Vgl.* Wittchen & Hoyer (2011) S.387, 391

Intervention den Erfolg und die Wirksamkeit der Therapie.[57] Die Gesamtheit der Aufgaben und Teilbereiche des diagnostischen Prozesses sind in Abbildung 3 und in Abbildung 7 im Anhang zusammengefasst.[58]

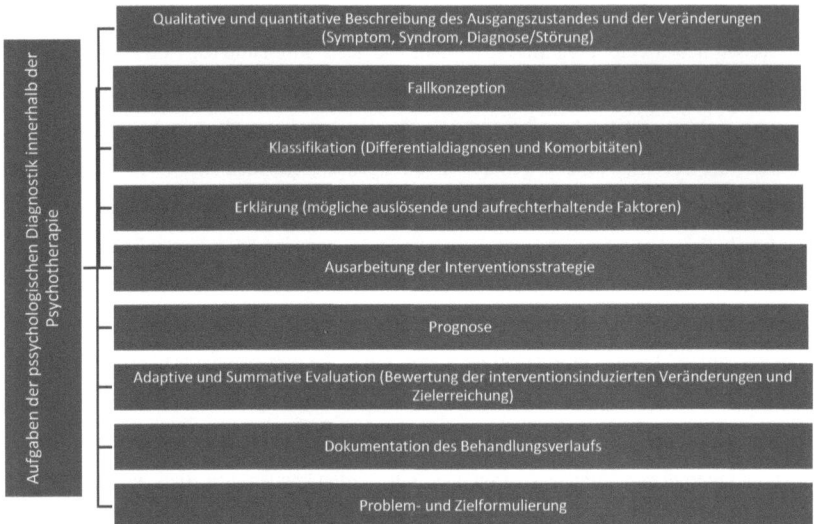

Abbildung 3: Aufgaben der psychologischen Diagnostik
(Quelle: (Eigene Darstellung in Anlehnung an Geue et al. (2016) und Schmidt-Atzert et al. (2018))

Der gesamte diagnostische Prozess ist ein komplexer Vorgang, welcher stets individuellen Anpassungen bedarf. Im nächsten Kapitel soll ein exemplarischer diagnostischer Prozess anhand eines Fallbeispiels skizziert werden.

3.2 Der diagnostische Prozess: Ein Fallbeispiel: Lena J.

Lena J. ist 18 Jahre alt, 1,71 m groß und wiegt nur noch 40 kg. Ihre Mutter brachte sie zum Hausarzt, welcher sie in eine Klinik für Psychosomatische Medizin und Psychotherapie überweist. Sie wird zur diagnostischen Abklärung und Therapie aufgenommen. Im Vorgespräch stellte die Fachärztin ihr die Frage, was sie in die Klinik führe. Lena J. antwortet, dass sie schon länger Schwäche- und Schwindelanfälle habe. Nun wurden aber auch Herzrhythmusstörungen festgestellt. Sie habe nun eingesehen, dass sie Hilfe in Anspruch nehmen muss, wenn

---

[57] *Vgl.* Caspar et al. (2018) S.24 & *Vgl.* Wittchen & Hoyer (2011) S. 386, 413
[58] *Vgl.* Laireiter &Kalteis (2017) S. 92 & *Vgl.* Geue et al. (2016) S. 11 & Schmidt-Atzert et al. (2018) S. 504–505

sie in einem halben Jahr mit ihrem Studium beginnen möchte. Außerdem möchte sie wieder mehr in ihrem Sportverein tätig sein, der Sport fehle ihr sehr. Lena gibt auch zu, dass sie wisse, dass sie gerade wenig wiege und sie auch wieder mehr essen sollte. Aber sie fühle sich gerade sehr wohl mit ihrem Körper. Die Fachärztin fragt sie, ob sie besonders auf Ernährung achte, weil das ja viele Sportler tun? Lena bestätigt, dass sie sich sehr gesund ernähre und auch viel Sport treibe. Früher war sie sehr dick, gibt sie nachdenklich zu. Sie wolle nie mehr so dick sein, daher achte sie nun auf ihre Figur und auf ihre Ernährung. Sie hat das Gefühl, dass jede Kalorie zu viel ihrem Körper nicht guttue. Lenas Eltern sind bei dem Aufnahmegespräch anwesend. Sie sind in großer Sorge um ihre Tochter und machen sich auch Vorwürfe, es nicht schon früher gemerkt zu haben. Ihre Mutter beschreibt Lena als ein angespanntes, aber fleißiges Mädchen. Ihr Vater gibt zu Protokoll, dass sie immer gern gegessen habe und auch eine völlig normale Figur hatte. Sie haben auch gerne zusammen Sport gemacht. Ihre erste Diät machte Lena mit 16 Jahren. Sie verzichtete schrittweise immer mehr auf kalorienreiche Speisen. Lena betont gegenüber ihren Eltern und der Ärztin immer wieder, dass es ihr so viel besser gehe. Ihre Mutter sagt, dass Lena schon vor der Vorbereitung auf Abiturprüfungen sehr schlank war. Durch das intensive Lernen nahm sie gefühlt jeden Tag immer mehr ab. Ihr fielen immer neue Ausreden ein, warum sie beim gemeinsamen Essen nicht dabei sein wollte und wenn sie dann da war, aß sie nur zwei oder drei Bissen.

Das gravierende Untergewicht von Lena J. legt bereits eine erste Verdachtsdiagnose nahe: Anorexia nervosa bzw. Anorexia athletica. Bei einem Body-Mass-Index von weniger als 14 ist eine stationäre Behandlung indiziert.[59] Der BMI von Lena J. liegt bei 13,7.

3.2.1 Diagnostik und Klassifikation

Der auffälligste Befund der Anorexia nervosa (AN), im Volksmund auch Magersucht genannt, ist der reduzierte Ernährungszustand bei einem oft drastischen Gewichtsverlust. Das Störungsbild gehört zur Gruppe der Essstörungen, die in der ICD-10 unter F50 „Verhaltensauffälligkeiten mit körperlichen Störungen und Faktoren" aufgeführt werden.[60] Zu den Essstörungen zählen neben AN auch Adipositas, Binge-Eating- Störung (BES) und Bulimia nervosa (BN) dazu.[61] Leitsymptome der AN sind ein selbst herbeigeführtes Untergewicht, eine starke Angst vor Ge-

---

[59] *Vgl.* Jacobi & De Zwaan (2011) S. 1067
[60] *Vgl.* Teufel & Zipfel (2015) S.16 & *Vgl.* Caspar et al. (2018) S.93
[61] *Vgl.* Habermas, T. (2015) S.7

wichtszunahme und eine ausgeprägte Köperschemastörung, siehe dazu Abbildung 9 im Anhang.[62] Es gibt zwei Subtypen der AN. Beim *restriktiven Typ* (asketische Form) bestehen keine regelmäßigen Essanfälle. Das Untergewicht wird durch Nahrungseinschränkung erreicht. Der zweite Subtyp ist der *Binge-/Purging-Typus* (bulimische Form). Bei dieser Unterform kommen zu regelmäßigen Essensanfällen auch kompensatorische Maßnahmen wie selbstinduziertes Erbrechen oder Missbrauch von Medikamenten hinzu (aktive Form). Entspricht das Störungsbild nicht komplett den Diagnosekriterien, etwa wenn kein Untergewicht vorliegt, wir die Diagnose atypische Anorexia nervosa (F.50.1) vergeben[63] Um eine Diagnose AN stellen zu können und für den Ausschluss von anderen, empfiehlt sich für ICD-10 das Diagnostische Expertensystem (DIA-X), ein standardisiertes Interview. Hierbei wird insbesondere auf komorbide affektive Störungen, Angststörungen, Substanzmissbrauch und -abhängigkeit, sowie Persönlichkeitsstörungen geachtet.[64] Bei Lena festigte sich nach der Durchführung die Verdachtsdiagnose AN. Eine weitere psychische Störung wurde erstmal ausgeschlossen. Für die weitere Sicherung der Diagnose AN und für die Festlegung der Subform, sowie für den Ausschluss einer anderen Essstörung kommt noch ein störungsspezifisches Instrument zum Einsatz. Für Screeningzwecke, sowie für die Messung des Schweregrades der Störung eignen sich Selbstbeurteilungsverfahren in Form von Fragebögen (z.B. das Eating-Disorder Inventory (EDI) mit 11 Subskalen). Für die Diagnosestellung sollte allerdings ein störungsspezifisches klinisches Interview zum Einsatz kommen. Geeignete Instrumente sind die Eating Disorder Examination (EDE) und das strukturierte Inventar für Anorektische und Bulimische Essstörungen (SIAB). Durch den Einsatz von Fragebögen, kann man im Verlauf der Therapie diese immer wieder miteinander vergleichen, so kann die Symptomausprägung beobachtet werden.[65] In Tabelle 4 sind die Bestandteile der störungsspezifischen Diagnostik abgebildet, welche bei Lena durchgeführt wird.

3.2.2 Medizinische Diagnostik

Lena J. wird in der Klinik einer umfangreichen medizinischen Diagnostik unterzogen. Dies dient vor allem der Gefahrenabwehr, durch Erkennung von Komplikationen der Essstörung. Es muss auch ausgeschlossen werden, dass die von Lena J. genannten Symptome wie Herzrhythmusstörungen und Schwächeanfälle nicht eine organische Ursache haben, wie z.B. Diabetes.

---

[62] *Vgl.* Teufel & Zipfel (2015) S.16
[63] *Vgl.* Teufel & Zipfel (2015) S.17 & *Vgl.* Caspar et al. (2018) S.94
[64] *Vgl.* Jacobi & De Zwaan (2011) S. 1060
[65] *Vgl.* Legenbauer & Vocks (2006) S.47-48 & *Vgl.* Schweiger, U. (2015) S.36

Zur medizinischen Diagnostik bei Essstörungen gehören: Untersuchungen des Allgemeinzustandes (BMI, Körpertemperatur, Blutdruck, Puls), internistische Untersuchung (EKG, Gastrointestinaltrakt, Mundbereich, Leber- und Nierenfunktion), zahnärztliche Untersuchung, gynäkologische Untersuchung, orthopädische Untersuchung und die Erfassung von Laborparametern (Elektrolyt-/Mineralhaushalt, Blutfette, Blutzucker, Leber- und Nierenwerte, Sexual-, Schilddrüsen- und Wachstumshormone, Knochendichte).[66]

3.2.3 Biographische Anamnese

Ein wichtiger Baustein für die Behandlung ist die Anamneseerhebung. Sie dient der Erfassung der Vorgeschichte der Essstörung. Es geht um Fragen zur Kindheit, Jugend, Beziehung zu den Eltern und Geschwistern, schulische Entwicklung und der aktuellen Lebenssituation (Wohnsituation, Schule, Freizeitgestaltung, soziale Kontakte, Partnerschaft und weitere Ressourcen). Damit können Risikofaktoren, mögliche Auslöser der Störung und ggf. auch Schutzfaktoren identifiziert werden.[67] Bei der Familienanamnese geht es um die psychosoziale Situation der Eltern, Familiengröße und Familienmilieu, familiäre Belastungsfaktoren und Psychopathologien in der Familie. Neben der äußeren Lebensgeschichte kann auch die innere Lebensgeschichte relevant sein. Hier können bereits dysfunktionale Denkmuster (siehe dazu: Tabelle 5 im Anhang) ermittelt werden. Für die systematische Erhebung der biographischen Informationen stehen biographische Fragebögen und Checklisten als Hilfsmittel zur Verfügung.[68] Risikofaktoren für Essstörungen sind das weibliche Geschlecht, ethnische Zugehörigkeit (nicht asiatisch), frühkindliche Ernährungs- und gastrointestinale Störungen, erhöhte Sorge um Gewicht und Figur und eine negative Selbsteinschätzung. Ebenso können auch genetische Faktoren, Frühgeburt, Geburtskomplikationen, früher Pubertätsbeginn, sexueller Missbrauch, Perfektionismus, Neurotizismus, Vernachlässigung oder Überprotektion durch die Eltern, negative Lebensereignisse, hohe elterliche Anforderungen und gesellschaftliche Schlankheitsideale zu den Risikofaktoren einer AN gehören. Als aufrechterhaltende Faktoren werden insbesondere restriktives Essverhalten, defizitäres Copingverhalten und dysfunktionale Kognition aufgeführt.[69]

---

[66] *Vgl.* Schweiger, U. (2015) S.40-41 & *Vgl.* Legenbauer & Vocks (2006) S.46-47
[67] *Vgl.* Legenbauer & Vocks (2006) S.48
[68] *Vgl.* Wittchen & Hoyer (2011) S. 403-404
[69] *Vgl.* Jacobi & De Zwaan (2011) S. 1063 & *Vgl.* Legenbauer & Vocks (2006) S.31 & *Vgl.* Resmark, G. (2015) S.81

3.2.4 Der Therapieplan von Lena J.

Für die Behandlung einer AN stehen grundsätzlich drei mögliche Therapiesettings zur Verfügung: stationär, teilstationär und ambulant. Bei einem BMI ≤ 14, wie es bei Lena J. der Fall ist, gilt ein stationäres Vorgehen als Therapie erster Wahl. Die Weiterbehandlung kann dann teilstationär und/oder ambulant erfolgen.[70] Lenas klinische Diagnose lautet: F50.00 Anorexia nervosa, restriktive Form; organische Begleiterscheinungen: Herzrhythmusstörungen, Elektrolytentgleisungen, Vitalstoffmangel, sekundäre Amenorrhö und Akrozyanose, eine Blaufärbung der Finger und Zehen. Im Vordergrund der Therapie stehen neben dem gravierenden Untergewicht auch die fehlende Einsicht der Krankheit und Lenas Angst zuzunehmen. Im Rahmen der umfangreichen Diagnostik konnten als Risiko, bzw. aufrechterhaltende Faktoren ihr Diätverhalten, ihr Drang zum vermehrten Sport, ein negatives Körperbild und eine verzerrte Wahrnehmung des eigenen Gewichts ermittelt werden. Selbstdefizite und ein stark leistungsorientiertes und perfektionistisches Denken wurden ebenfalls diagnostiziert. Die Belastungssituation im Vorfeld der Abiturprüfungen scheint der Auslöser für die Verschlechterung der Symptomatik gewesen zu sein. Folgende Therapieziele stehen bei Lena in der stationären Behandlung im Vordergrund: Gewichtszunahme, Normalisierung des Essverhaltens und die Behandlung organischer Folgeschäden. Hierfür werden mit Lena J. Verhandlungsvereinbarungen getroffen. Diese geben genaue Angaben zum Zielgewicht, zur wöchentlichen Gewichtszunahme (500-1000g), zu den Mahlzeiten, Gewichtskontrollen und dem zu führenden Essprotokoll. Für den Therapieerfolg ist die Änderungsmotivation von Lena ausschlaggebend. Die gilt es mittels psychoedukativer Maßnahmen zu stärken und immer wieder zu überprüfen. Erst im zweiten Schritt werden die emotionalen, kognitiven und zwischenmenschlichen Problemlagen angegangen. Die Psychotherapie ist dabei vorrangig zu wählen. Die Behandlung mit Medikamenten sollte bei anorektischen Patienten nicht als erste Wahl eingesetzte werden, sondern allenfalls zur Behandlung komorbider Störungen (z.B. depressive Symptomatik). [71] Die kognitive Verhaltenstherapie ist ein wirksames psychotherapeutisches Verfahren, für das es auch die meisten Wirksamkeitsstudien gibt. Kognitive Behandlungselemente betreffen die automatischen Gedanken, überdauernde und handlungsleitende Kernüberzeugungen und die fehlerhafte Informationsverarbeitungsprozesse.[72] In stationären Settings kommt ein multidimensionaler Therapieansatz zum Tragen, welcher neben verbalen Psychotherapieverfahren im Einzel- und Gruppen-

---

[70] *Vgl.* Jacobi & De Zwaan (2011) S. 1067
[71] *Vgl.* Zeeck (2015) S.298 & *Vgl.* Jacobi & De Zwaan (2011) S. 1067
[72] *Vgl.* Caspar et al. (2018) S.94 & *Vgl.* Legenbauer (2015) S. 272

Setting außerdem gemeinsames Kochen und Essen, Gestaltung von Essensplänen und nicht zuletzt körperbezogene Therapien mit Vertrauensübungen, Übungen zur Körpererfahrung, -wahrnehmung und zum Körperausdruck umfasst.[73]

3.2.5 Verlauf und Prognose

Essstörungen sind Störungsbilder, welche hartnäckig und langwierig sind. Es gibt nicht selten Rückfälle und vielschichtige psychische Problemlagen. AN hat dabei eine schlechtere Prognose als zum Beispiel BN. Die Mortalitätsrate der AN ist mit ca. 5% am höchsten unter den psychischen Erkrankungen. 46,9 % gelten als genesen, bei 21 % nimmt die Krankheit eine chronische Form an und bei 34 % ist eine Besserung der Symptomatik vorhanden. Bis zu einer ersten vollständigen Remission vergehen im Mittel 5-6 Jahre.[74] Deshalb ist es umso wichtiger, dass sich Lena J., nach einem mehrwöchigen Klinikaufenthalt mit dem Zielgewicht als Ergebnis, im Rahmen einer ambulanten oder teilstationären Psychotherapie weiterbehandeln lässt. Lena sollte sich regelmäßigen Verlaufs- und Erfolgsmessungen unterziehen (Tabelle 4). Ein Drittel aller Betroffenen entwickeln nach einer Anorexie eine Bulimie, dies sollte bedacht werden. Ebenso sollte auch langfristig auf komorbide Symptome, insbesondere Depression und Angststörung geachtet werden (siehe dazu Abbildung 10 im Anhang).[75] Das Beck Depressions Inventar (BDI) oder das Beck Angstinventar (BAI) sind gute Hilfsmittel, um einen Eindruck über den Schweregrad der Symptomatik zu erhalten (Abbildung 8).[76]

---

[73] *Vgl.* Legenbauer (2015) S. 272 – 274 & *Vgl.* Sareika & Langenbach (2014) S. 411
[74] *Vgl.* Zipfel, Löwe &Herzog (2015) S.59
[75] *Vgl.* Sareika & Langenbach (2014) S. 412 & Caspar et al. (2018) S.94
[76] *Vgl.* Wittchen & Hoyer (2011) S. 414

Literaturverzeichnis

Aufgabe 1:

Bengel, J., Lyssenko, L. (2012) Resilienz und psychologische Schutzfaktoren im Erwachsenenalter. In: Bundeszentrale für gesundheitliche Aufklärung (BZgA) (Hrsg.). Forschung und Praxis der Gesundheitsförderung, Bd. 43. Köln, BZgA.

Berking, M. (2012) Ursachen psychischer Störungen. In: M. Bering & W. Rief (Hrsg.) Klinische Psychologie und Psychotherapie, Band 1. S.19-28, Springer, Berlin – Heidelberg

Caspar, F., Pjanic, I., Westermann, S. (2018) Klinische Psychologie. Basiswissen Psychologie, Springer VS, Wiesbaden

Castello, A. (2014), Entwicklungsrisiken bei Kindern und Jugendlichen. Prävention im pädagogischen Alltag. 1. Auflage, Kohlhammer Verlag, Hamburg

Cederblad, M., Dahlin, L., Hagnell, O., Hansson, K. (1994) Salutogenic childhood factors reported by middle-aged individuals. Follow-up of the children from the lundby study grown up in families experiencing three or more childhood psychiatric risk factors. European Archives of psychiatry and clinical neuroscience. 244 (1) S. 1-11

Egle, U.T., Hoffmann, S.O., Steffens, M. (1997) Psychosoziale Risiko- und Schutzfaktoren in Kindheit und Jugend als Prädisposition für psychische Störungen im Erwachsenenalter, Nervenarzt, Ausgabe 68, S.683-69

Heinrichs, N. & Lohaus, A. (2011) Klinische Entwicklungspsychologie. Kompakt. Störungen im Kindes- und Jugendalter. Weinheim-Basel: Beltz

Jacobi, C., Esser, G. (2003) Zur Einteilung von Risikofaktoren bei psychischen Störungen, Zeitschrift für klinische Psychologie und Psychotherapie, Ausgabe 32 Vol. 4., Göttingen, S.257-266

Kasten, E., Schönberg, L. (2016) Psychische Störungen bei schweren somatischen Erkrankungen, in Praxisbuch: Moderne Psychotherapie, Heidelberg, S.139-163

Laucht, M., Esser, G., Schmidt, M.H., Ihle, W., Löffler, W., Stöhr, R-M., Weindrich, D. & Weinel, H. (1992). „Risikokinder": zur Bedeutung biologischer und psychosozialer Risiken für die kindliche Entwicklung in den beiden ersten Lebensjahren. Praxis der Kinderpsychologie und Kinderpsychiatrie, 41 (8), S. 275-285, Wandenhoeck & Ruprecht, Göttingen

Oerter, R., Altgassen, M., Kliegel, M. (2011) Entwicklungspsychologische Grundlagen. In H.-U. Wittchen & J.Hoyer (Hrsg.). Klinische Psychologie und Psychotherapie, 2. Auflage. S.301-335, Berlin-Heidelberg: Springer

Petermann, D., Maercker, A., Lutz, W. & Stangier, U. (2018) Klinische Psychologie. Grundlagen. 2. Auflage, Hogrefe, Göttingen

Wälte, D., Borg-Laufs, M., Brückner, B. (2019), Psychologische Grundlagen der Sozialen Arbeit, 2. Auflage, Kohlhammer Verlag

Werner, E. E. (1992), The Children of Kauai: Resiliency and Recover in Adolscence and Adulthood, Journal of Adolescent Health, Ausgabe 13, S. 262 – 268

Wittchen, H-U., & Hoyer, J. (2011) Klinische Psychologie & Psychotherapie, 2. Auflage, Springer Lehrbuch, Berlin Heidelberg

Zimmermann, I. (2011) Vor der Geburt. Einflussgrößen kinder- und jugendpsychiatrischer Störungen. Eine retrospektive empirische Studie, 1. Auflage, Cuvillier Verlag, Göttingen

Aufgabe 2:

Beesdo-Baum, K. & Wittchen, H.-U. (2011) Depressive Störungen: Major Depression und Dysthymie. In: H.-U. Wittchen & J. Hoyer (Hrsg.) Klinische Psychologie und Psychotherapie, 2. Auflage, S.879-914, Springer, Berlin-Heidelberg

Bengel, J., Lyssenko, L. (2012) Resilienz und psychologische Schutzfaktoren im Erwachsenenalter. In: Bundeszentrale für gesundheitliche Aufklärung (BZgA) (Hrsg.). Forschung und Praxis der Gesundheitsförderung, Bd. 43. Köln, BZgA.

Berking, M. & Radkovsky, A. (2012) Unipolare Depression. In: M. Bering & W. Rief (Hrsg.) Klinische Psychologie und Psychotherapie, Band 1. S. 30-48, Springer, Berlin – Heidelberg

Butcher, J.N., Mineka, S., Hooley, J. (2009): Klinische Psychologie, 13. Aktualisierte Auflage, Pearson Studium

Comer, R. J.; Sartory, G. (Hg.) (2008): Klinische Psychologie. 6. Aufl. Heidelberg: Spektrum Akad. Verl.

Diers, M. (2016) Resilienzförderung durch soziale Unterstützung von Lehrkräften – Junge Erwachsene in Risikolage erzählen. Springer VS, Wiesbaden

Ertle, A., Joormann, J., Wahl, K., Kordon, A. (2009): Sagen dysfunktionale Kognitionen den Therapieerfolg voraus? In: Zeitschrift für Klinische Psychologie und Psychotherapie 38 (1), S. 44–51. DOI: 10.1026/1616-3443.38.1.44.

Hänsel, F., Baumgärtner, S.D., Kornmann, J., Ennigkeit, F., (2016) Sportpsychologie, Heidelberg, Springer

Kuehner, C., Weber, I. (1999) Responses to depression in unipolar depressed patients: an investigation of Novel-Hoeksema's response styles theory, psychological medicine, Vol. 29, S.1323-1333

Niemann, D. (2019): Die Rolle des Partners und der Partnerin bei der Bewältigung arbeitsbedingter Belastungen. Der interaktive Prozess der sozialen Unterstützung in Paarbeziehungen. Wiesbaden: Springer Fachmedien Wiesbaden (Gesundheitspsychologie).

Petermann, D., Maercker, A., Lutz, W. & Stangier, U. (2018) Klinische Psychologie. Grundlagen. 2. Auflage, Hogrefe, Göttingen

Saltzman, K.M., Holahan, C.J. (2002) Sozial Support, Self-Efficacy, and Depressive Symptoms: An Integrative Model, Journal of Social and Clinical PSychology, Vol.21 No. 3, S.309-322

Sarason, I. G., Sarason, B. R. & Shearin, E. N. (1986) Social support as an individual difference variable: Ist stability, originis, and relational aspects. Journal of Personality and Social Psycholog, 50(4), S.845-855.

Stice, E., Ragan, J., Randall, P. (2004) Prospective Relations Between Social Support and Depression: Differential Directon of Effect for Parent and Peer Support?, Journal of Abnormal Psychology, Vol. 113 No.1, S.155-159

Aufgabe 3:

Caspar, F., Pjanic, I. & Westermann, S. (2018): Klinische Psychologie. Wiesbaden: Springer VS (Basiswissen Psychologie).

Geue, K., Strauß, B. & Brähler, E. (Hg.) (2016): Diagnostische Verfahren in der Psychotherapie. 3., überarbeitete und erweiterte Auflage. Göttingen: Hogrefe (Diagnostik für Klinik und Praxis, Band 1).

Jacobi, C. & de Zwaan, M. (2011) Essstörungen. In: H.-U. Wittchen & J. Hoyer (Hrsg.) Klinische Psychologie und Psychotherapie, 2. Auflage, S.1052-1081, Springer, Berlin-Heidelberg

Laireiter, A.-R. & Kalteis, K. (2017): Allgemeine Grundlagen der Diagnostik in der Psychotherapie. In: Rolf-Dieter Stieglitz und Harald J. Freyberger (Hg.): Diagnostik in der Psychotherapie. Ein Praxisleitfaden. 1. Auflage 2017. Stuttgart: W. Kohlhammer Verlag.

Legenbauer, T. & Vocks, S. (2006). Manual der kognitiven Verhaltenstherapie bei Anorexie und Bulimie. Springer. Heidelberg

Sareika, F., & Langenbach, M. (2014) Essstörungen. Aktuelle Ernährungsmedizin. 39. S.404-417, Stuttgart. Thieme

Schmidt-Atzert, L. Amelang, M., Fydrich, T.& Moosbrugger, H. (2018): Psychologische Diagnostik. 5.Auflage 2012, Kartonierte Sonderausgabe. Berlin: Springer Berlin; Springer (Springer-Lehrbuch).

Wittchen & Hoyer (2011): Klinische Psychologie & Psychotherapie. 2. Auflage. Heidelberg: Springer-Medizin (Springer-Lehrbuch).

Internetquellenverzeichnis

Aufgabe 1:

Färber, F. & Rosendahl, J. (2018) Zusammenhang von Resilienz und psychischer Gesundheit bei körperlichen Erkrankungen, Deutsches Ärzteblatt, 2018, 115, 621-7, Abgerufen am 25.05.2020, verfügbar unter: https://www.aerzteblatt.de/pdf.asp?id=200707

Kitzing, K., Döhnert, M., Kroll, M., Grube, M. (2015) Psychische Störungen in der frühen Kindheit, Deutsches Ärzteblatt, 2015, 112: 375-86, Abgerufen am 01.06.2020, Verfügbar unter: https://www.aerzteblatt.de/pdf.asp?id=170672

Zentrum für Kinder- und Jugendforschung (2020). Risiko- und Schutzfaktorenkonzept. Abgerufen am 25.05.2020, Verfügbar unter: http://www.resilienz-freiburg.de/index.php/was-ist-resilienz/das-risiko-und-schutzfaktorenkonzept

Aufgabe 2:

Hapke, U., Scheidt-Nave, C., Bode, L., Schlack, R., Busch, M.A. (2013) Chronischer Stress bei Erwachsenen in Deutschland. Ergebnisse der Studie zur Gesundheit Erwachsener in Deutschland (DEGS1). Abteilung für Epidemiologie und Gesundheitsmonitoring, Robert Koch-Institut, Berlin. Bundesgesundheitsblatt 2013 · 56:749–754. DOI 10.1007/s00103-013-1690-9, Springer-Verlag Berlin Heidelberg, Abgerufen am: 02.06.2020, Verfügbar unter: https://e-doc.rki.de/bitstream/handle/176904/1503/21xYyCjlzhAzM.pdf?sequence=1&isAllowed=y

Margraf, J. & Schneider, S. (Hg.) (2018): Lehrbuch der Verhaltenstherapie, Band 1. Grundlagen, Diagnostik, Verfahren und Rahmenbedingungen psychologischer Therapie. 4., vollständig überabeitete und aktualisierte Auflage. Berlin, Heidelberg: Springer Berlin Heidelberg. Abgerufen am 03.06.2020, Online verfügbar unter: http://ebookcentral.proquest.com/lib/subgoettingen/detail.action?docID=5287933

Aufgabe 3:

Habermas, T. (2015) Klassifikation und Diagnose: Eine Historische Betrachtung. In Herpertz, S., de Zwaan, M., Zipfel, S. (2015) Handbuch Essstörungen und Adipositas, 2. Auflage, Springer Verlag, Berlin. Heidelberg. S.3-8. Abgerufen am 05.06.2020, verfügbar unter: https://e-bookcentral.proquest.com/lib/boehringeringelheim/reader.action?docID=3568255&query=Essst%C3%B6rungen&ppg=50

Legebauer, T. (2015) Kognitive Verhaltenstherapie. In Herpertz, S., de Zwaan, M., Zipfel, S. (2015) Handbuch Essstörungen und Adipositas, 2. Auflage, Springer Verlag, Berlin. Heidelberg. S. 269 - 277, Abgerufen am 05.06.2020, verfügbar unter: https://ebookcentral.proquest.com/lib/boehringeringelheim/reader.action?docID=3568255&query=Essst%C3%B6rungen&ppg=50

Margraf, J. & Schneider, S. (Hg.) (2018): Lehrbuch der Verhaltenstherapie, Band 1. Grundlagen, Diagnostik, Verfahren und Rahmenbedingungen psychologischer Therapie. 4., vollständig überarbeitete und aktualisierte Auflage. Berlin, Heidelberg: Springer Berlin Heidelberg. Abgerufen am 03.06.2020, Online verfügbar unter: http://ebookcentral.proquest.com/lib/subgoettingen/detail.action?docID=5287933

Resmark, G., (2015) Verhaltenstherapeutische Modellvorstellungen, in Herpertz, S., de Zwaan, M., Zipfel, S. (2015) Handbuch Essstörungen und Adipositas, 2. Auflage, Springer Verlag, Berlin. Heidelberg. S. 79-83, Abgerufen am 05.06.2020, verfügbar unter: https://ebookcentral.proquest.com/lib/boehringeringelheim/reader.action?docID=3568255&query=Essst%C3%B6rungen&ppg=50

Schweiger, M., (2015) Diagnostik von Essstörungen, in Herpertz, S., de Zwaan, M., Zipfel, S. (2015) Handbuch Essstörungen und Adipositas, 2. Auflage, Springer Verlag, Berlin. Heidelberg. S. 45-54, Abgerufen am 05.06.2020, verfügbar unter: https://ebookcentral.proquest.com/lib/boehringeringelheim/reader.action?docID=3568255&query=Essst%C3%B6rungen&ppg=50

Sichler, R. (1996): Diagnostische Kompetenz und reflektierte Praxis: psychologische Diagnostik als dialogischer Prozeß. Hg. v. Journal für Psychologie. Social Science Open Access. Abgerufen am 04.06.2020, verfügbar unter https://nbn-resolving.org/urn:nbn:de:0168-ssoar-29314

Teufel, M., Zipfel, S., (2015) Klinische Aspekte der Anorexia nervosa und Bulimia nervosa im Erwachsenenalter, in Herpertz, S., de Zwaan, M., Zipfel, S. (2015) Handbuch Essstörungen und Adipositas, 2. Auflage, Springer Verlag, Berlin. Heidelberg. S. 15 -19, Abgerufen am 05.06.2020, verfügbar unter: https://ebookcentral.proquest.com/lib/boehringeringelheim/reader.action?docID=3568255&query=Essst%C3%B6rungen&ppg=50

Zeeck, A. (2015) Stationäre und teilstationäre Psychotherapie bei Essstörungen. In Herpertz, S., de Zwaan, M., Zipfel, S. (2015) Handbuch Essstörungen und Adipositas, 2. Auflage, Springer Verlag, Berlin. Heidelberg. S. 294 - 300, Abgerufen am 06.06.2020, verfügbar unter: https://ebookcentral.proquest.com/lib/boehringeringelheim/reader.action?docID=3568255&query=Essst%C3%B6rungen&ppg=50

Zipfel, S., Löwe, B, Herzog, W. (2015) Verlauf und Prognose der Anorexia nervosa. In . In Herpertz, S., de Zwaan, M., Zipfel, S. (2015) Handbuch Essstörungen und Adipositas, 2. Auflage, Springer Verlag, Berlin. Heidelberg. S. 57 - 61, Abgerufen am 06.06.2020, verfügbar unter: https://ebookcentral.proquest.com/lib/boehringeringelheim/reader.action?docID=3568255&query=Essst%C3%B6rungen&ppg=50

Anhang

Tabelle 5
Zusammenfassung gesicherter biographischer Risikofaktoren für die Entstehung psychischer und psychosomatischer Krankheiten

- Niedriger sozioökonomischer Status
- Mütterliche Berufstätigkeit im ersten Lebensjahr
- Schlechte Schulbildung der Eltern
- Große Familien und sehr wenig Wohnraum
- Kontakte mit Einrichtungen der „sozialen Kontrolle"
- Kriminalität oder Dissozialität eines Elternteils

- Chronische Disharmonie/Beziehungspathologie in der Familie
- Unsicheres Bindungsverhalten nach 12./18. Lebensmonat
- Psychische Störungen der Mutter oder des Vaters
- Schwere körperliche Erkrankungen der Mutter/des Vaters
- Alleinerziehende Mutter
- Autoritäres väterliches Verhalten
- Verlust der Mutter
- „Häufig wechselnde frühe Beziehungen"
- Sexueller und/oder aggressiver Mißbrauch
- Schlechte Kontakte zu Gleichaltrigen
- Altersabstand zum nächsten Geschwister <18 Monate
- Uneheliche Geburt

- Hoher Gesamtrisikoscore
- *Jungen vulnerabler als Mädchen*

Tabelle 6
Zusammenfassung gesicherter biographischer Schutzfaktoren im Hinblick auf die Entstehung psychischer und psychosomatischer Krankheiten

- Dauerhafte, gute Beziehung zu mindestens einer primären Bezugsperson
- Großfamilie/kompensatorische Elternbeziehungen/Entlastung der Mutter
- Gutes Ersatzmilieu nach frühem Mutterverlust
- Überdurchschnittliche Intelligenz
- Robustes, aktives und kontaktfreudiges Temperament
- Sicheres Bindungsverhalten
- Soziale Förderung (z.B. Jugendgruppen, Schule, Kirche)
- Verläßlich unterstützende Bezugsperson/en im Erwachsenenalter
- Lebenszeitlich späteres Eingehen „schwer auflösbarer Bindungen"

- Geringere Risikogesamtbelastung
- *Mädchen weniger vulnerabel als Jungen*

Abbildung 4: Gesicherte biografische Risiko- und Schutzfaktoren
(Quelle: Egle, Hoffmann, Steffens (1997) S.693)

30

Tab. 23.5. ABC-Schema nach Stavemann (2005)

	Was steht hier?	Hilfsfragen	Beispiele	
A Ausgangssituation	Die objektive Beschreibung der Situation	Was geschieht gerade zum Zeitpunkt, als ich diesen Gedanken oder dieses Gefühl habe? Was könnte hier jeder Mensch ohne Vorwissen wahrnehmen und beschreiben?	Mein Nachbar hat mich heute Morgen nicht gegrüßt.	Mein Nachbar hat mich heute Morgen nicht gegrüßt.
B Bewertungssystem	Alle bewussten und verdeckten Gedanken zum Zeitpunkt A	1. Meine persönliche Sichtweise von A: Was sehe ich mit meinem Vorwissen und meinen persönlichen Normen in der Situation A?	B1: Sonst grüßen wir uns immer. Irgendwas ist anders.	B1: Sonst grüßen wir uns immer. Irgendwas ist anders.
		2. Schlussfolgerungen und vermutete Konsequenzen: Wie interpretiere ich das? Welche Schlussfolgerungen ziehe ich aus meiner persönlichen Sichtweise von A? Welche Konsequenzen vermute ich?	B2: Vielleicht habe ich gestern zu laut Musik gehört und er konnte deshalb nicht schlafen.	B2: Wie kann er mich einfach ignorieren, bloß weil er heute schlechte Laune hat?
		3. Bewertung: Wie finde bzw. fände ich das?	B3: Das ist mir jetzt total peinlich.	B3: So ein launischer Mensch!
C Konsequenzen	Gefühls- und Verhaltenskonsequenzen aus der Bewertung	1. Gefühlskonsequenz: Welches Gefühl habe ich nach B? Gibt es körperliche Begleitsymptome?	C1: Scham	C1: Ärger (Anspannung)
		2. Verhaltenskonsequenz: Was genau tue ich daraufhin? Wie verhalte ich mich?	C2: Ich vermeide Blickkontakt und gehe schnell weg.	C2: Ich frage ihn wütend: »Können Sie nicht grüßen, oder was?«.

Abbildung 5: ABC-Schema nach Stavemann (2005)
(Quelle: Margraf und Schneider (2018) S.403)

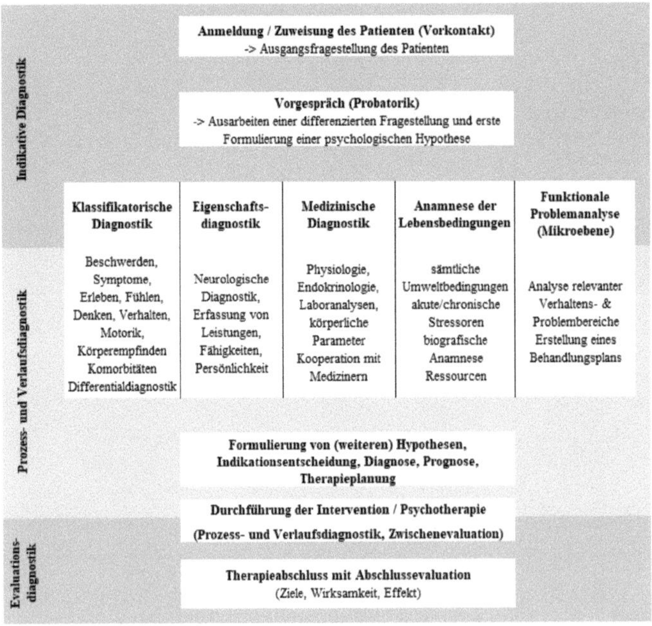

Abbildung 6: Der diagnostische Prozess
(Quelle: Eigene Darstellung in Anlehnung an Wittchen & Hoyer (2011) S.385-386)

Tabelle 2
Diagnostische Aufgabenstellungen und Methoden zu Beginn einer Psychotherapie

Diagnostische Aufgaben	Methoden/Instrumente
1. Störungs- und Problemscreening	Klinische Interviews (*)
	Strukturierte/standardisierte Interviews (z. B. SKID, DIPS; SDS)
	Screeningfragen für Achse I, Fragebogen für Achse II nach DSM-IV (*)
	Selbstbeurteilungsskalen (z. B. SCL-90R; BSI) (*)
	Fremdbeurteilungsverfahren (s. CIPS 1996)
2. Psychopathologischer Status	Klinische Beurteilung anhand Kriterienlisten (s. CIPS 1996) (*)
	Ratings (z. B. AMDP 1997)
3. Störungs- und Differentialdiagnostik	ICD-10; DSM-IV (Dilling et al. 1993; Sass et al. 1996) (*)
	Diagnosechecklisten (z. B. IDCL für ICD-10, DSM-IV; Hiller 2000)
	Strukturierte/standardisierte Interviews (z. B. SKID, DIPS; SDS; Hiller 2000)
	Selbstbeurteilungsverfahren (z. B. BDI) (*)
	Fremdbeurteilungsverfahren (z. B. HAMD; s. CIPS 1996)
4. Schwere der Störung	Analyse der Komorbidität (*)
	Fremdbeurteilungsverfahren (z. B. BSS) (*)
	Selbstbeurteilungsskalen (z. B. SCL-90R; BDI; TSD) (*)
5. Somatische Beschwerden	Screening (kategorial: Screeningfragen/DSM-IV; dimensional: BSI, SCL-90R)
	Selbstbeurteilungsverfahren (s. CIPS 1996)
	bei Vorliegen spezifischer Störungen: s. Punkt 3
6. Soziales Funktionieren	Fremdbeurteilung: Globale Beurteilung (z. B. GAF) (*)
	Spezifische Beurteilung (z. B. ICD-10: WHO-DS; DSM-IV: GARF, SOFAS)[a]
	Selbstbeurteilungsverfahren (s. Gerne u. Wengle 1994)
7. Anamnesen: Aktuelle Situation Biographische Informationen Störungsanamnese und Life-time-Diagnosen	Klinische Interviews (*)
	Selbstbeurteilungsverfahren
8. Therapeutische Ziele	Freie Interviews (*)
	Individualisierte Zielerfassung (GAS; Psy-BaDo) (*)
	Selbstbeurteilungsverfahren (z. B. Pöhlmann 1999)
9. Orientierungsbezogene Diagnostik	Psychodynamisches Erstgespräch
	Strukturierte psychodynamische Diagnostik (z. B. OPD) (*)
	Problem- und Verhaltensanalyse
	Strukturierte verhaltensanalytische Problemanalyse (z. B. DIPS) (*)
10. Weiterführende Diagnostik bei Bedarf	Psychiatrische Untersuchungen
	Somatisch-medizinische Untersuchungen
	Klinisch-psychologische Untersuchungen, etc.
11. Indikation, Prognose	Klinische Interviews (*)
	Behandlungs-Leitlinien

Anmerkungen: Mit (*) gekennzeichnete Instrumente und Vorgehensweisen können aufbauend auf den Vorschlägen anderer Autoren (z. B. Braun 1998; Fydrich et al. 1996) als Standards für Praktiker vorgeschlagen werden. Zur Erklärung der Kurzformen der Instrumente und Literatur s. Text sowie CIPS (1996) und Stieglitz u. Freyberger (1996)
[a] WHO-DS: WHO-Disablement-Skala (s. Stieglitz u. Freyberger 1996); GARF: Global Assessment of Relationship Functioning-Scale nach DSM-IV; SOFAS: Social and Occupational Functioning Assessment-Scale nach DSM-IV (s. jeweils Sass et al. 1996)

Abbildung 7: Diagnostische Aufgabenstellung und Methoden
(Quelle: Laireiter (2001) S. 92)

Tab. 21.2. Exemplarische Darstellung störungsorientierter Verfahren zur Diagnostik psychischer Störungen

Störungsbild	Selbstbeurteilungsverfahren
Angststörungen	Fragebogen zur Angst vor körperlichen Symptomen (BSQ; Ehlers u. Margraf 1993)
	Fragebogen zu angstbezogenen Kognitionen (ACQ; Ehlers u. Margraf 1993)
	Mobilitätsinventar (MI; Ehlers u. Margraf 1993)
	Becks Angstinventar (BAI; Beck et al. 1988, deutsche Übersetzung: Margraf u. Ehlers 2007)
	Angstfragebogen (AF; Hank et al. 1990; deutsche Fassung des »Fear Questionnaire« von Marks u. Mathews 1979)
	Unsicherheitsfragebogen (Ulrich de Muynck u. Ulrich 1979)
	Marburger Aktivitäts-Tagebuch (Margraf u. Schneider 1990)
Essstörungen	Fragebogen zum Essverhalten (FEV; Pudel u. Westenhöfer 1989)
	Eating Disorder Examination (EDE; Cooper u. Fairburn 1987; Fairburn u. Cooper 1993; deutsche Fassung: Hilbert u. Tuschen-Caffier 2006a)
	Eating Disorder Examination Questionnaire (Fairburn u. Beglin 1994; deutsche Fassung: Hilbert u. Tuschen-Caffier 2006b)
	Eating Disorder Inventory (EDI-2; Garner et al. 1983; deutsche Fassung: Paul u. Thiel 2004)
	Fragebogen zum Figurbewusstsein (FFB; Cooper et al. 1987; deutsche Fassung: Waadt et al. 1992; Referenzwerte: Tuschen-Caffier et al. 2005)
	Dutch Eating Behavior Questionnaire (DEBQ; van Strien et al. 1986; deutsche Fassung: Grunert 1989)
Depression	Becks Depressionsinventar (BDI II; Beck et al. 1961; deutsche Fassung: Hautzinger et al. 2006)
	Symptom-Checkliste (SCL-90; Derogatis 1986; deutsche Fassung: Franke 1992)
Alkoholismus	Münchner Alkohol Test (MALT; Feuerlein et al. 1979)
	Trierer Alkoholismus Inventar (TAI; Funke et al. 1987)
	Fragebogen zum funktionalen Trinken (FFT; Berlitz-Weihmann u. Metzler 1993)
Somatoforme Störungen	Screening für somatoforme Störungen (SOMS; Rief et al. 1992)
	Whitely-Index (WI; Rief et al. 1994)
	Internationale Skalen für Hypochondrie (Hiller u. Rief 2004)
	Beschwerden Liste (BL; von Zerssen 1976)
Partnerschafts-probleme	Partnerschaftsfragebogen (PFB; Hahlweg 1979)
	Problemliste (PL; Hahlweg et al. 1982)

Abbildung 8: Störungsorientierte Verfahren zur Diagnostik psychischer Störungen
(Quelle: Margraf und Schneider (2018) S.370)

Diagnostische Kriterien der Anorexia nervosa gemäß ICD-10: F50.0 (WHO 2005)

1. Tatsächliches Körpergewicht mindestens 15 % unter dem erwarteten (entweder durch Gewichtsverlust oder nie erreichtes Gewicht) oder BMI von 17,5 kg/m² oder weniger. Bei Patientinnen in der Vorpubertät kann die erwartete Gewichtszunahme während der Wachstumsperiode ausbleiben.

2. Der Gewichtsverlust ist selbst herbeigeführt durch:
   a. Vermeidung von hochkalorischen Speisen sowie eine oder mehrere der folgenden Verhaltensweisen:
   b. selbstinduziertes Erbrechen,
   c. selbstinduziertes Abführen,
   d. übertriebene körperliche Aktivität,
   e. Gebrauch von Appetitzüglern oder Diuretika.

3. Körperschemastörung in Form einer spezifischen psychischen Störung: Die Angst, zu dick zu werden, besteht als eine tief verwurzelte überwertige Idee; die Betroffenen legen eine sehr niedrige Gewichtsschwelle für sich selbst fest.

4. Endokrine Störung auf der Hypothalamus-Hypophysen-Gonaden-Achse. Sie manifestiert sich bei Frauen als Amenorrhö und bei Männern als Libido- und Potenzverlust. (Eine Ausnahme ist das Persistieren vaginaler Blutungen bei anorektischen Frauen mit einer Hormonsubstitutionsbehandlung zur Kontrazeption.) Erhöhte Wachstumhormon- und Kortisolspiegel, Änderungen des peripheren Metabolismus von Schilddrüsenhormonen und Störungen der Insulinsekretion können gleichfalls vorliegen.

5. Bei Beginn der Erkrankung vor der Pubertät ist die Abfolge der pubertären Entwicklungsschritte verzögert oder gehemmt (Wachstumsstopp; fehlende

Abbildung 9: Diagnostische Kriterien der Anorexia nervosa gemäß ICD-10 F50.0
(Quelle: Teufel & Zipfel (2015) S.16)

Verfahren	Sukskala	Art	Beispielitems
Eating Disorder Examination (EDE; dt. Version Hilbert & Tuschen-Caddier, 2006)	- Restraint - Eating Concern - Weight Concern - Shape Concern	Sktrukturiertes Interview	Haben Sie bewusst versucht, Ihre Nahrungsmenge zu begrenzen, um ihre Figur oder ihr Gewicht zu beeinflussen?
Eating Disorder Inventory (EDI-2; dt. Version, Paul & Thiel, 2004)	- Schlankheitsstreben - Bulimie - körperliche Unzufriedenheit- - Ineffektivität - Perfektionismus - Misstrauen - Interozeption - Angst vor dem Erwachsenwerden - Askese - Impulsregulation - soziale Unsicherheit	Selbstbeurteilung	- Ich habe fürchterliche Angst, zuzunehmen. - Ich glaube, mein Bauch ist zu dick
Fragebogen zum Essverhalten (FEV; Pudel & Westenhöfer, 1989)	- kognitive Kontrolle des Essverhalten, gezügeltes Essen - Störbarkeit des Essverhaltens - Erlebte Hungergefühle	Selbstbeurteilung	Essen Sie kontrolliert, wenn Sie mit anderen zusammmen sind und lassen Sie sich dann gehen, wenn Sie allein sind?

Tabelle 4: Ausgewählte Verfahren zur spezifischen Diagnostik von Essstörungen
(Quelle: Eigene Darstellung, in Anlehnung an Jacobi & De Zwaan (2011), S.1061 & Vgl. Schweiger, U. (2015) S.36)

Kategorie	Automatischer Gedanke
Selektive Abstraktion: Tendenz, Einzelfaktoren aus dem Kontext zu nehmen und überzubewerten. Andere, bedeutsamere Merkmale der Situation werden ignoriert	„Nur wenn ich dünn bin, bin ich etwas Besonderes"
Übergeneralisierung: Ableitung von Regeln auf der Basis eines einzigen Ereignisses	„Früher hatte ich Normalgewicht. Ich war damals nicht glücklich. Ich weiß also, dass ich nicht glücklicher sein werde, wenn ich zunehme."
Dichotomes /Alles-oder-Nichts-Denken: Zuordnung von Erfahrungen in zwei sich gegenseitig ausschließende Kategorien. Ohne Abstufungen. Nur Schwarz und Weiß.	„Wenn ich meinen Tagesablauf nicht bis auf die Minute plane, verläuft alles chaotisch. Ich erreiche dann nichts."
Personalisierung: Überschätzen des Ausmaßes, in dem Ereignisse mit der eigenen Person zu tun haben, und/oder übermäßige Übernahme von Verantwortung	„Letztens hat jemand gelacht, als ich an ihm vorbei ging. Er hat sicher über meine Figur gelacht."
Katastrophisierung: Bezeichnung eines Ereignisses ohne Grund als Katastrophe	„Wenn ich nicht ständig auf der Waage stehe und mein Gewicht kontrolliere, dann nehme ich immer weiter zu."

Tabelle 5: Denkfehler bei Essstörungen
(Quelle: Eigene Darstellung, in Anlehnung an Resmark, G. (2015) S.81)

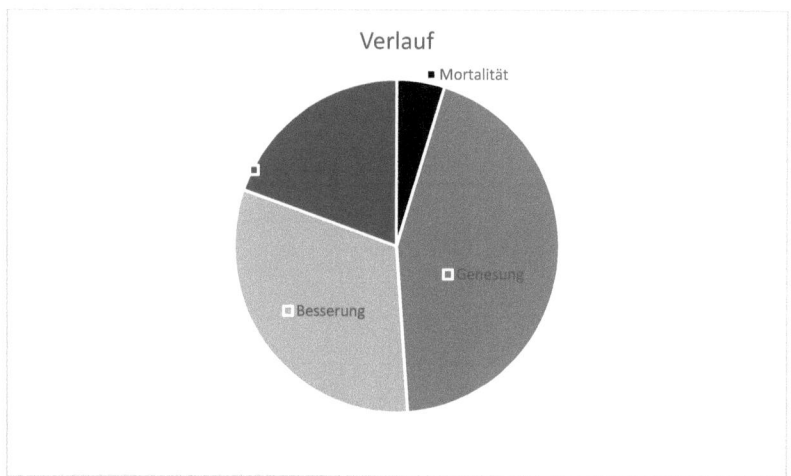

Tabelle 6: Langzeitverlauf der AN
(Quelle: Eigene Darstellung, in Anlehnung an Zipfel, Löwe, Herzog (2015) S.59)

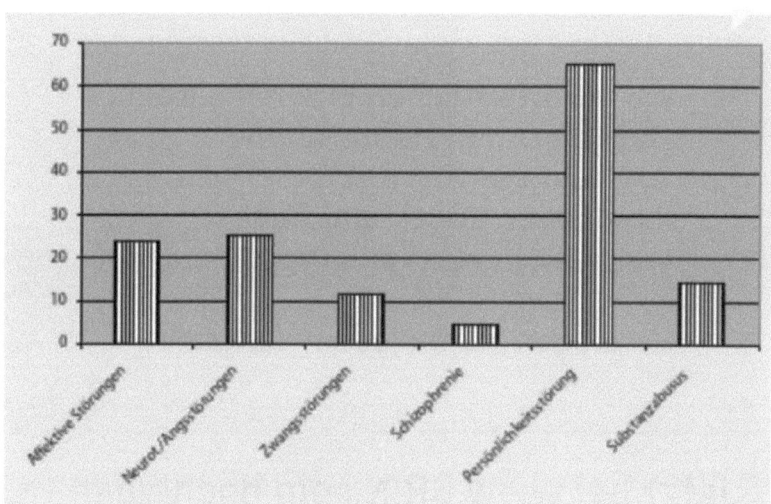

Abbildung 10: Psychische Komorbidität im Verlauf einer AN
(Quelle: Zipfel, Löwe, Herzog (2015) S.60)